AF371023

ORDONNANCE
DU ROI,

Pour entretenir le régiment Suisse de Hallwyl
au service de la Marine.

Du premier Septembre 1752.

DE PAR LE ROI.

SA MAJESTE' ayant estimé néceffaire de faire
quelques changemens par rapport à la conftitu-
tion du régiment Suiffe entretenu au fervice de
la Marine, Elle fe feroit fait repréfenter les
ordonnances qu'Elle auroit rendues pour l'entretien dudit régiment, les 15 juin & 19 octobre 1721,
19 mai, 3 août & 28 feptembre 1722, 8 février 1723,
5 février 1726, 10 juillet & 9 octobre 1731, premier janvier
1733 & 13 feptembre 1734. Et voulant expliquer fes intentions, tant fur le nombre d'hommes & de compagnies dont

A

Elle entend que ledit régiment soit composé à l'avenir, que pour le traitement qui doit être fait au sieur Chevalier de Hallwyl qui en est actuellement Colonel à la place du feu sieur Karrer, Sa Majesté a ordonné & ordonne ce qui suit.

ARTICLE PREMIER.

LE régiment Suisse de Hallwyl continuera d'être employé pour le service de la Marine, soit dans les Colonies ou ailleurs; & sera dorénavant composé de cinq compagnies, dont deux seront détachées à Saint-Domingue, une à la Martinique, une à la Louisiane; & une autre, qui sera la Colonelle, restera en France.

I I.

CHAQUE compagnie sera composée de deux cens hommes, les Officiers compris; Sa Majesté permet néanmoins au sieur Chevalier de Hallwyl de porter celle qui restera en France à trois cens hommes, les Officiers aussi compris. Et pour lui faciliter les moyens de pourvoir aux envois de recrues qu'il aura à faire auxdites Colonies dans le courant de la présente année & de l'année prochaine, Elle lui permet de plus, pour ledit temps seulement, de porter ladite compagnie jusqu'à quatre cens cinquante hommes; de manière qu'à compter du premier janvier 1754, elle ne puisse pas être portée au-delà dudit nombre de trois cens hommes.

I I I.

LA compagnie Colonelle tiendra garnison à Rochefort, & ses Officiers consisteront audit sieur Chevalier de Hallwyl Colonel, un Major, un Aumônier, deux Capitaine-lieutenans, deux Lieutenans, deux Sous-lieutenans, deux Enseignes; & il y aura dans ladite compagnie douze Sergens, dix-huit Caporaux, quatre Trabans, un Tambour-major, six Tambours & deux Fifres : & le Colonel & le Major dudit régiment seront de la religion Catholique, Apostolique & Romaine.

1. Septbre 1752.

3

I V.

LES Officiers de la seconde compagnie dudit régiment, ainsi que ceux de la troisième, quatrième & cinquième, consisteront pour chacune, en deux Capitaine-lieutenans, deux Lieutenans, deux Sous-lieutenans, deux Enseignes ; il y aura aussi dans chacune desdites quatre compagnies, huit Sergens, douze Caporaux, quatre Trabans & quatre Tambours.

V.

IL y aura dans chacune desdites cinq compagnies, un Frater, qui sera compris dans le nombre des Soldats ; & dans les deuxième, troisième, quatrième & cinquième compagnies, un Fifre, qui sera pareillement compris dans le nombre des Soldats.

V I.

LES cinq compagnies dudit régiment seront composées de Suisses & des autres nations admises dans les troupes Suisses qui sont à la solde de Sa Majesté en France, sans qu'il puisse y être admis aucuns sujets de Sa Majesté.

V I I.

DANS les remplacemens ou vacances de places d'Officiers dans ledit régiment, le sieur Chevalier de Hallwyl sera tenu de proposer les Officiers pour être agréés par Sa Majesté ; bien entendu qu'il n'en proposera que de capables : & il sera fait par Sa Majesté auxdits Officiers, quand ils l'auront mérité par leurs services, les mêmes graces qu'Elle accorde aux Officiers des autres régimens Suisses qui sont à son service.

V I I I.

IL sera libre audit sieur Chevalier de Hallwyl, de faire aux Soldats desdites compagnies, tel engagement qu'il jugera à propos, suivant ce qui est en usage dans les troupes Suisses.

I X.

IL sera payé des fonds de Sa Majesté, audit sieur Chevalier

A ij

4

de Hallwyl, par les Tréforiers généraux des Colonies, chacun en l'année de fon exercice, feize livres par mois pour chacun homme fervant dans ledit régiment ; favoir, pour les Soldats qui compoferont la compagnie Colonelle fervant en France, fur les ordonnances qui en feront expédiées par l'Intendant de la Marine à Rochefort : & pour les compagnies détachées dans les différentes Colonies, le payement en fera fait fur les ordonnances qui en feront expédiées par les Intendans ou Commiffaires ordonnateurs defdites Colonies, en confé-quence des décomptes refpectifs de chaque compagnie, qui en feront par eux arrêtés.

X.

LES payemens qui fe feront auxdites Colonies, en exé-cution de l'article précédent, y feront faits en la monnoie ayant cours dans chacune d'icelles, aux Officiers chargés des pouvoirs dudit fieur Chevalier de Hallwyl, lefquels en fourniront leurs quittances en la forme preferite. Comme lefdits payemens excéderont le montant des appointemens & de la folde que ledit fieur Chevalier de Hallwyl aura à faire payer aux Officiers & Soldats détachés auxdites Colonies, & que cet excédant devra être remis audit fieur Chevalier de Hallwyl par lefdits Officiers chargés de fes pouvoirs, Sa Majefté, en cas de perte ou prife des bâtimens fur lef-quels ces remifes feront faites en efpèces, en tiendra compte audit fieur Chevalier de Hallwyl ; à l'effet de quoi il fera dreffé procès-verbal de l'embarquement defdites efpèces, dans la forme qui fera réglée ci-après pour l'embarquement des hardès que ledit fieur Chevalier de Hallwyl aura à envoyer de France aux Colonies. Sa Majefté lui fera payer auffi tous les mois en France, fur les ordonnances de l'In-tendant de Rochefort, une fomme de quatre cens cinquánte livres par compagnie détachée dans lefdites ifles de la Mar-tinique & Saint-Domingue, pour le dédommager de la différence en valeur des efpèces ayant cours dans lefdites ifles, & de l'argent de France.

1. *Septembre 1752.*

X I.

Les seize livres par mois pour chacun homme, ne seront payées que pour les effectifs, suivant les revûes qui en seront faites ; & cependant, attendu que les cinq compagnies dudit régiment seront compofées d'un plus grand nombre d'Officiers que les autres compagnies Suisses qui font au service de Sa Majesté, il sera payé audit sieur Chevalier de Hallwyl, en France, & sur les ordonnances de l'Intendant de Rochefort, deux cens vingt payes de gratification, à raison de quatre-vingt payes pour la compagnie Colonelle, & de trente-cinq payes pour chacune des quatre autres compagnies, & sur le pied de seize livres par chaque paye ; bien entendu que lefdites compagnies seront entretenues complètes, & qu'à mesure qu'il manquera des Soldats dans les Colonies, le sieur Chevalier de Hallwyl aura soin d'y en faire passer le nombre suffisant pour les compléter, sur les ordres qui lui en feront donnés par le Secrétaire d'état ayant le département de la Marine : & dans le cas où la compagnie Colonelle se trou-veroit au deffous de cent cinquante hommes, il ne sera payé pour ladite compagnie, que cinquante-quatre payes de gratification, & le nombre des effectifs en fera arrêté chaque mois.

X I I.

Les recrues qui feront faites pour les compagnies fervant dans les Colonies, ne feront nombre que dans la compagnie Colonelle, & à compter du jour de leur arrivée à Rochefort. Feront pareillement nombre dans ladite compagnie, les Soldats des compagnies fervant aux Colonies, congédiés, jufqu'au jour que leur folde aura ceffé.

X I I I.

Les Officiers des compagnies feront paffés préfens pen-dant le temps de leur abfence par congé ; mais lorfque le terme de leur congé fera expiré, il fera déduit huit payes pour le Major, pareille nombre de payes pour le Capitaine-

A iij

lieutenant, fix payes pour le Lieutenant, quatre payes pour le Sous-lieutenant, trois payes pour l'Enfeigne, & deux payes pour l'Aumônier.

X I V.

Il fera payé année par année, audit fieur Chevalier de Hallwyl, par lefdits Tréforiers généraux des Colonies, fur les ordonnances de l'Intendant de la Marine à Rochefort, la fomme de fept cens cinquante livres par chacune compagnie dudit régiment, pour fervir d'étape aux recrues defdites compagnies, & une fomme de fept cens livres pour le loyer d'un magafin à Rochefort, à l'effet d'y mettre les habits, armes & hardes des compagnies dudit régiment.

X V.

Il fera payé audit fieur Chevalier de Hallwyl, fur une ordonnance particulière de l'Intendant de Rochefort, par le Tréforier général des Colonies en exercice la préfente année, une fomme de fept mille cinq cens livres pour tous frais de levée & d'étape des hommes néceffaires pour l'augmentation à faire dans ledit régiment, pour le mettre fur le pied ci-deffus defdites cinq compagnies.

X V I.

L'exploitation dudit régiment fera pour le compte dudit fieur Chevalier de Hallwyl, à compter du jour de la mort dudit feu fieur Karrer dernier Colonel; & ce, fur le pied defdites ordonnances du 9 octobre 1731, premier janvier 1733 & 13 feptembre 1734, qui ont été exécutées à l'égard dudit fieur Karrer, jufqu'au premier du préfent mois que doit feulement commencer le traitement fixé par la préfente ordonnance; & ledit fieur Chevalier de Hallwyl fera tenu en conféquence, d'acquitter les dettes qui fe trouveront avoir été contractées pour l'entretien dudit régiment, depuis la mort dudit fieur Karrer.

X V I I.

Les compagnies & détachemens deftinés pour les Colonies,

feront paffés *gratis* fur les vaiffeaux de Sa Majefté, & pendant
la traverfée ils auront la fubfiftance aux dépens de Sa Majefté,
comme les troupes françoifes ; & pareil paffage avec la fubfiftance, fera donné *gratis* fur les mêmes vaiffeaux de Sa
Majefté, à quelques-unes des femmes des Soldats qui feront
mariés & qui tiendront garnifon dans lefdites Colonies, en
forte cependant qu'il ne fe trouve pas plus de fix femmes
à la fuite de chacune defdites compagnies fervant aux Colonies, quatre femmes à la fuite du détachement compofé de
cent cinquante hommes, & trois femmes à la fuite de celui
compofé feulement de cent hommes ; & il fera payé des
fonds de Sa Majefté à chacune defdites femmes, la fomme
de quarante-cinq livres avant leur départ, par les Tréforiers
généraux des Colonies, chacun en l'année de leur exercice,
fur les ordonnances de l'Intendant du port de Rochefort.

X V I I I.

IL fera donné le fret *gratis* fur les vaiffeaux de Sa Majefté,
pour l'habillement, armes & hardes qui feront néceffaires
aux compagnies & détachemens fervant dans les Colonies ;
& le fieur-Chevalier de Hallwyl fera tenu de remettre à
l'Intendant de Rochefort, lors de chaque envoi qu'il aura
à faire dans les Colonies, l'état certifié de lui, des hardes,
armes & uftenfiles qu'il aura à y faire paffer.

X I X.

IL fera dreffé procès-verbal de l'embarquement dudit
habillement, armes & hardes ; & en cas de perte, Sa Majefté
les remplacera audit fieur Chevalier de Hallwyl.

X X.

IL fera donné dans lefdites Colonies, aux Officiers dudit
régiment commandant les compagnies & détachemens y
fervant, un magafin convenable pour y mettre les armes,
hardes & habillemens des compagnies & détachemens dudit
régiment qui y tiendront garnifon ; & en cas que lefdits

magasins n'appartiennent pas à Sa Majesté, les loyers en seront payés de ses deniers, suivant la convention qui en aura été faite par l'Intendant ou Commissaire ordonnateur, & les ordonnances qui en seront par eux expédiées à cet effet.

X X I.

IL sera fourni des magasins de Sa Majesté aux compagnies & détachemens qui serviront dans les Colonies, les mêmes vivres qui seront fournis aux Soldats françois, & au même prix réglé ci-devant, lequel sera retenu audit sieur Chevalier de Hallwyl, sur les seize livres qui leur seront payées par Soldat ; & attendu que les Officiers font nombre d'hommes dans lesdites compagnies, il sera libre à chacun d'eux de prendre une ration comme le Soldat, & au même prix, lequel sera retenu ainsi qu'il est dit ci-dessus.

X X I I.

LES Soldats des compagnies dudit régiment, malades ou blessés, qui voudront être traités dans les hôpitaux de la Marine ou des Colonies, continueront d'y être reçus par les ordres de l'Intendant ou du Commissaire qui y est préposé.

X X I I I.

IL sera retenu audit sieur Chevalier de Hallwyl, sur la solde dudit régiment, pour chacun Soldat qui sera malade dans l'hôpital de Rochefort, la même solde par jour qui est retenue pour chaque Soldat des compagnies de Marine malade audit hôpital.

X X I V.

IL sera aussi retenu audit sieur Chevalier de Hallwyl, pour les Soldats dudit régiment qui seront malades dans les hôpitaux des colonies de Saint-Domingue & de la Martinique, la ration en farine qui auroit dû être délivrée des magasins de Sa Majesté auxdits Soldats ; & lesdites rations seront remises auxdits hôpitaux, auxquels ledit sieur Chevalier de

Hallwyl

1. Septbre 1752.

9

Hallwyl payera en outre deux fols par jour pour chaque Soldat dudit régiment qui aura été traité auxdits hôpitaux.

X X V.

Il fera retenu audit fieur Chevalier, de Hallwyl pour les Soldats dudit régiment qui feront en garnifon à la Louifiane, & qui feront traités à l'hôpital judit lieu, la même chofe en vivres & argent, qui fera retenue pour les Soldats des troupes françoifes qui y feront en garnifon, & qui feront traités dans le même hôpital.

X X V I.

Il fera libre aux Officiers des compagnies dudit régiment, de fe marier & de s'établir dans les Colonies où ils tiendront garnifon, après en avoir pris la permiffion du Gouverneur Lieutenant général, ou du Gouverneur particulier commandant en fon abfence, laquelle lui fera demandée par l'Officier y commandant les troupes Suiffes; & ladite permiffion leur fera accordée en cas que le parti qu'ils trouveront leur foit avantageux.

X X V I I.

La juftice fera exercée dans ledit régiment comme elle l'a été jufqu'à préfent, fur le même pied qu'elle eft adminiftrée dans les troupes Suiffes qui font à la folde de Sa Majefté; feront cependant tenus les Commandans des compagnies détachées dans les Colonies, de rendre compte aux Gouverneurs ou Commandans dans lefdites Colonies, de tous délits militaires & autres, & des jugemens qui feront rendus, même des punitions qui pourront être ordonnées pour les fautes qui ne demanderont pas un jugement; & quant aux délits dans lefquels les habitans defdites Colonies fe trouveront impliqués, ainfi que par rapport à toutes actions civiles, tant en demandant qu'en défendant, la connoiffance en appartiendra aux Juges des lieux.

X X V I I I.

Il fera donné par les Gouverneurs & Intendans, des

B

concéſſions de terres dans les lieux où il y en aura encore à donner, aux Soldats qui voudront s'établir après l'expiration de leur engagement, dans les Colonies où ils auront tenu garniſon ; & il ſera payé des deniers de Sa Majeſté, à ceux qui ſe marieront, en s'établiſſant, pour les mettre en état de commencer leur établiſſement & la culture de leurs terres, une ſomme de trois cens livres, à raiſon de cent livres par an, pendant les trois premières années de leur établiſſement, à la fin de chaque année.

X X I X.

LES Soldats qui ne voudront pas ſe faire habitans après l'expiration de leur engagement, ſeront repaſſés en France *gratis,* ſur les vaiſſeaux de Sa Majeſté, & leur ſolde leur ſera payée pendant leur retour, & un mois après qu'ils auront débarqué ; laquelle ſolde, ainſi que celle qui pourroit être donnée d'avance aux Soldats qui ſeront envoyés dans les Colonies, ſera imputée ſur la compagnie Colonelle.

X X X.

LES Officiers & Soldats dudit régiment, qui deviendront par leurs bleſſures ou leur invalidité, hors d'état d'y continuer leurs ſervices, ſeront admis au nombre des Invalides de la Marine, ainſi & de même que ceux des troupes entretenues dans la Marine & dans les Colonies.

X X X I.

LES Soldats détachés dans les Colonies, auront la liberté de porter leurs plaintes au Commiſſaire qui les paſſera en revûe, ſur les différens objets dans leſquels ils ſe croiront lézés, ſoit par rapport à leur ſolde, à leur ſubſiſtance ou autrement ; & pour cet effet le Commiſſaire, lors de ſa revûe, fera battre un ban pour en prévenir les Soldats : & ſur le compte qui ſera rendu deſdites plaintes par les Gouverneurs, Commandans, Intendans ou Commiſſaires ordonnateurs, il ſera ordonné par Sa Majeſté ce qu'il appartiendra. MANDE & ordonne Sa Majeſté à Monſ. le Prince

1. Sept.re 1752.

11

de Dombes Colonel général des Suisses & Grisons qui sont
à son service, aux Gouverneurs & ses Lieutenans généraux
dans lesdites Colonies, au Commandant de la Marine au
port de Rochefort, aux Intendans, tant audit port qu'auxdites
Colonies, & à tous autres Officiers qu'il appartiendra, de
tenir la main & se conformer, chacun en droit soi, à l'exécution de la présente ordonnance. FAIT à Versailles, le premier septembre mil sept cent cinquante-deux. *Signé* LOUIS.
Et plus bas, ROÜILLÉ.

LOUIS-AUGUSTE DE BOURBON,

*par la grace de Dieu, Prince souverain de
Dombes ; Comte d'Eu, Commandeur des
Ordres du Roi, Colonel général des Suisses
& Grisons, Gouverneur & Lieutenant gé-
néral pour Sa Majesté dans ses provinces
du haut & bas Languedoc.*

VÛ l'ordonnance du Roi ci-attachée, rendue à Versailles,
le premier septembre 1752, signée Louis, & plus bas,
Roüillé, concernant quelques changemens que Sa Majesté
a estimé nécessaire de faire à la constitution du régiment
Suisse entretenu au service de la Marine ; & ses intentions,
tant sur le nombre d'hommes & de compagnies dont Elle
entend que ledit régiment soit composé à l'avenir, que
pour le traitement qui doit être fait au sieur Chevalier de
Hallwyl qui en est actuellement Colonel à la place du feu
sieur Karrer : ladite ordonnance à Nous adressée, avec ordre
de tenir la main à son exécution.

NOUS, en vertu de ladite ordonnance & du pouvoir à
nous donné par le Roi, à cause de notredite charge de
Colonel général des Suisses & Grisons, enjoignons audit

fieur Chevalier de Hallwyl Colonel dudit régiment, de tenir la main à l'exécution de ladite ordonnance ; & aux Capitaines, Officiers & à tous autres qu'il appartiendra, de s'y conformer. En témoin de quoi nous avons fait expédier la préfente, fignée de notre main, icelle fait fceller du fceau de nos armes, & contre-figner par le Secrétaire général des Suiffes & Grifons. A Verfailles, le deux feptembre mil fept cent cinquante - deux. *Signé* LOUIS-AUGUSTE DE BOURBON. *Et plus bas,* Par fon Alteffe Séréniffime, DEFRANCE, en l'abfence du Secrétaire général.

CAPITULATION du régiment Suiffe entretenu au fervice de la Marine & des Colonies, renouvelée, pour, & au nom de Sa Majefté, par nous Antoine-Louis Roüillé Chevalier, Comte de Jouy & de Fontaine-Guerin, Miniftre d'état, Confeiller du Roi en tous fes Confeils, Secrétaire d'état & des commandemens de Sa Majefté, ayant le département de la Marine & des Colonies françoifes; Et acceptée par le fieur Jean-François de Hallwyl Colonel dudit régiment.

SA MAJESTE' voulant que la capitulation qui avoit été faite avec le feu fieur Karrer Colonel du régiment Suiffe entretenu au fervice de la Marine & des Colonies, foit renouvelée, à l'effet de fixer le nombre d'hommes & de compagnies dont Elle entend qu'il foit compofé à l'avenir, & le traitement qui doit être fait au fieur Chevalier de Hallwyl qu'Elle a pourvû dudit régiment, il a été réglé ce qui fuit.

1. *Sept.* 1752.

13

ARTICLE PREMIER.

LE régiment Suisse de Hallwyl continuera d'être employé pour le service de la Marine, soit dans les Colonies ou ailleurs ; & sera dorénavant composé de cinq compagnies, dont deux seront détachées à Saint-Domingue, une à la Martinique, une à la Louisiane ; & une autre, qui sera la Colonelle, restera en France.

I I.

CHAQUE compagnie sera composée de deux cens hommes, les Officiers compris ; Sa Majesté permet néanmoins au sieur Chevalier de Hallwyl de porter celle qui restera en France à trois cens hommes, les Officiers aussi compris. Et pour lui faciliter les moyens de pourvoir aux envois de recrues qu'il aura à faire auxdites Colonies dans le courant de la présente année & de l'année prochaine, Elle lui permet de plus, pour ledit temps seulement, de porter ladite compagnie jusqu'à quatre cens cinquante hommes ; de manière qu'à compter du premier janvier 1754, elle ne puisse pas être portée au-delà dudit nombre de trois cens hommes.

I I I.

LA compagnie Colonelle tiendra garnison à Rochefort, & ses Officiers consisteront audit sieur Chevalier de Hallwyl Colonel, un Major, un Aumônier, deux Capitaine-lieutenans, deux Lieutenans, deux Sous-lieutenans, deux Enseignes ; & il y aura dans ladite compagnie douze Sergens, dix-huit Caporaux, quatre Trabans, un Tambour-major, six Tambours & deux Fifres : & le Colonel & le Major dudit régiment seront de la religion Catholique, Apostolique & Romaine.

I V.

LES Officiers de la seconde compagnie dudit régiment, ainsi que ceux de la troisième, quatrième & cinquième, consisteront pour chacune, en deux Capitaine-lieutenans, deux Lieutenans, deux Sous-lieutenans, deux Enſeignes; & il y aura auſſi dans chacune deſdites quatre compagnies, huit Sergens., douze Caporaux, quatre Trabans & quatre Tambours.

V.

Il y aura dans chacune deſdites cinq compagnies, un Frater, qui ſera compris dans le nombre des Soldats; & dans les deuxième, troiſième, quatrième & cinquième compagnies, un Fifre, qui ſera pareillement compris dans le nombre des Soldats.

V I.

Les cinq compagnies dudit régiment ſeront compoſées de Suiſſes & des autres nations admiſes dans les troupes Suiſſes qui ſont à la ſolde de Sa Majeſté en France, ſans qu'il puiſſe y être admis aucuns ſujets de Sa Majeſté.

V I I.

Dans les remplacemens ou vacances de places d'Officiers dans ledit régiment, le ſieur Chevalier de Hallwyl ſera tenu de propoſer les Officiers pour être agréés par Sa Majeſté; bien entendu qu'il n'en propoſera que de capables: & il ſera fait par Sa Majeſté auxdits Officiers, quand ils l'auront mérité par leurs ſervices, les mêmes graces qu'Elle accorde aux Officiers des autres régimens Suiſſes qui ſont à ſon ſervice.

V I I I.

Il ſera libre audit ſieur Chevalier de Hallwyl, de faire aux Soldats deſdites compagnies, tel engagement qu'il jugera à propos, ſuivant ce qui eſt en uſage dans les troupes Suiſſes.

I X.

Il ſera payé des fonds de Sa Majeſté, audit ſieur Chevalier de Hallwyl, par les Tréſoriers généraux des Colonies, chacun en l'année de ſon exercice, ſeize livres par mois pour chacun homme ſervant dans ledit régiment; ſavoir, pour les Soldats

qui compoferont la compagnie Colonelle fervant en France,
fur les ordonnances qui en feront expédiées par l'Intendant
de la Marine à Rochefort : & pour les compagnies détachées
dans les différentes Colonies, le payement en fera fait fur
les ordonnances qui en feront expédiées par les Intendans
ou Commiffaires ordonnateurs defdites Colonies, en confé-
quence des décomptes refpectifs de chaque compagnie,
qui en feront par eux arrêtés.

X.

LES payemens qui fe feront auxdites Colonies, en exécution de l'article précédent, y feront faits en la monnoie
ayant cours dans chacune d'icelles, aux Officiers chargés
des pouvoirs dudit fieur Chevalier de Hallwyl, lefquels en
fourniront leurs quittances en la forme prefcrite. Comme
lefdits payemens excéderont le montant des appointemens
& de la folde que ledit fieur Chevalier de Hallwyl aura à
faire payer aux Officiers & Soldats détachés auxdites Colonies,
& que cet excédant devra être remis audit fieur Chevalier
de Hallwyl par lefdits Officiers chargés de fes pouvoirs,
Sa Majefté, en cas de perte ou prife des bâtimens fur lefquels ces remifes feront faites en efpèces, en tiendra compte
audit fieur Chevalier de Hallwyl ; à l'effet de quoi il fera
dreffé procès-verbal de l'embarquement defdites efpèces,
dans la forme qui fera réglée ci-après pour l'embarquement
des hardes que ledit fieur Chevalier de Hallwyl aura à
envoyer de France aux Colonies. Sa Majefté lui fera payer
auffi tous les mois en France, fur les ordonnances de l'Intendant de Rochefort, une fomme de quatre cens cinquante
livres par compagnie détachée dans lefdites ifles de la Martinique & Saint-Domingue, pour le dédommager de la
différence en valeur des efpèces ayant cours dans lefdites
ifles, & de l'argent de France.

X I.

LES feize livres par mois pour chacun homme, ne feront

payées que pour les effeʒtifs, fuivant les revûes qui en feront
faites ; & cependant, attendu que les cinq compagnies dudit
régimént feront compofées d'un plus grand nombre d'Officiers que les autres compagnies Suiffes qui font au fervice
de Sa Majefté, il fera payé audit fieur Chevalier de Hallwyl,
en France, & fur les ordonnances de l'Intendant de Rochefort,
deux cens vingt payes de gratification, à raifon de quatre-
vingt payes pour la compagnie Colonelle, & de trente-cinq
payes pour chacune des quatre autres compagnies, & fur le
pied de feize livres par chaque paye ; bien entendu que
lefdites compagnies feront entretenues complètes, & qu'à
mefure qu'il manquera des Soldats dans les Colonies, le fieur
Chevalier de Hallwyl aura foin d'y en faire paffer le nombre
fuffifant pour les compléter, fur les ordres qui lui en feront
donnés par le Secrétaire d'état ayant le département de la
Marine : & dans le cas où la compagnie Colonelle fe trou-
veroit au deffous de cent cinquante hommes, il ne fera
payé pour ladite compagnie, que cinquante - quatre payes
de gratification, & le nombre des effeʒtifs en fera arrêté
chaque mois.

<h2 style="text-align:center">X I I.</h2>

Les recrues qui feront faites pour les compagnies fervant
dans les Colonies, ne feront nombre que dans la compagnie
Colonelle, & à compter du jour de leur arrivée à Rochefort.
Feront pareillement nombre dans ladite compagnie, les Soldats
des compagnies fervant aux Colonies, congédiés, jufqu'au
jour que leur folde aura ceffé.

<h2 style="text-align:center">X I I I.</h2>

Les Officiers des compagnies feront paffés préfens pendant le temps de leur abfence par congé ; mais lorfque le
terme de leur congé fera expiré, il fera déduit huit payes
pour le Major, pareille nombre de payes pour le Capitaine-
lieutenant, fix payes pour le Lieutenant, quatre payes pour
le Sous-lieutenant, trois payes pour l'Enfeigne, & deux payes
pour l'Aumônier.

XIV.

X I V.

IL fera payé année par année, audit fieur Chevalier de Hallwyl, par lefdits Tréforiers généraux des Colonies, fur les ordonnances de l'Intendant de la Marine à Rochefort, la fomme de fept cens cinquante livres par chacune compagnie dudit régiment, pour fervir d'étape aux recrues defdites compagnies, & une fomme de fept cens livres pour le loyer d'un magafin à Rochefort, à l'effet d'y mettre les habits, armes & hardes des compagnies dudit régiment.

X V.

IL fera payé audit fieur Chevalier de Hallwyl, fur une ordonnance particulière de l'Intendant de Rochefort, par le Tréforier général des Colonies en exercice la préfente année, une fomme de fept mille cinq cens livres pour·tous frais de levée & d'étape des hommes néceffaires pour l'augmentation à faire dans ledit régiment, pour le mettre fur le pied ci-deffus defdites cinq compagnies.

X V I.

L'EXPLOITATION dudit régiment fera pour le compte du fieur Chevalier de Hallwyl, à compter du jour de la mort du feu fieur Karrer dernier Colonel ; & ce , fur le pied de la capitulation faite avec ledit fieur Karrer jufqu'à ce jour que doit commencer l'exécution de la préfente capitulation : ledit fieur Chevalier de Hallwyl s'arrangera en conféquence avec le tuteur des enfans héritiers dudit feu fieur Karrer, tant fur la valeur des effets qui fe font trouvés à la mort de ce dernier, dans fes magafins, & qui depuis ont été confommés en tout ou en partie pour l'entretien dudit régiment, ou délivrés aux Soldats pour le compte du Colonel, que pour l'objet du débet de chaque Soldat envers le Colonel, déduction faite de ce qui pourra être dû aux Soldats ; à l'effet de tenir compte par ledit fieur Chevalier de Hallwyl , auxdits·enfans, du montant defdits effets &

defdits débets, fuivant l'arrangement qui fera fait fur l'un
& l'autre objet. Ledit fieur Chevalier de Hailwyl fe foûmet
de payer de plus auxdits enfans, ou à leur tuteur, dans les
termes qui feront convenus, une fomme de trente mille
livres, en confidération des frais faits par ledit fieur Karrer
leur grand-père, pour la levée & formation dudit régiment,
dont il a été le premier Colonel, & par ledit fieur Karrer
leur père, pour le foûtien dudit régiment, fur-tout dans la
dernière guerre, durant laquelle il a été obligé de faire des
recrûes nombreufes pour remplacer les pertes que le régiment avoit foufFertes; & ledit fieur Chevalier de Hallwyl fera
tenu en outre de payer & acquitter les dettes contractées
pour l'entretien dudit régiment, depuis la mort dudit fieur
Karrer dernier Colonel, jufqu'à ce jour.

X V I I.

LES compagnies & détachemens deftinés pour les Colonies,
feront paffés *gratis* fur les vaiffeaux de Sa Majefté, & pendant
la traverfée ils auront la fubfiftance aux dépens de Sa Majefté,
comme les troupes françoifes; & pareil paffage avec la fubfiftance, fera donné *gratis* fur les mêmes vaiffeaux de Sa
Majefté, à quelques-unes des femmes des Soldats qui feront
mariés & qui tiendront garnifon dans lefdites Colonies, en
forte cependant qu'il ne fe trouve pas plus de fix femmes
à la fuite de chacune defdites compagnies fervant aux Colonies, quatre femmes à la fuite du détachement compofé de
cent cinquante hommes, & trois femmes à la fuite de celui
compofé feulement de cent hommes; & il fera payé des
fonds de Sa Majefté à chacune defdites femmes, la fomme
de quarante-cinq livres avant leur départ, par les Tréforiers
généraux des Colonies, chacun en l'année de leur exercice,
fur les ordonnances de l'Intendant du port de Rochefort.

X V I I I.

IL fera donné le fret *gratis* fur les vaiffeaux de Sa Majefté,
pour l'habillement, armes & hardes qui feront néceffaires

aux compagnies & détachemens fervant dans les Colonies;
& le fieur Chevalier de Hallwyl fera tenu de remettre à
l'Intendant de Rochefort, lors de chaque envoi qu'il aura
à faire dans les Colonies, l'état certifié de lui, des hardes,
armes & uftenfiles qu'il aura à y faire paffer.

X I X.

IL fera dreffé procès-verbal de l'embarquement dudit
habillement, armes & hardes; & en cas de perte, Sa Majefté
les remplacera audit fieur Chevalier de Hallwyl.

X X.

IL fera donné dans lefdites Colonies, aux Officiers dudit
régiment commandant les compagnies & détachemens y
fervant, un magafin convenable pour y mettre les armes,
hardes & habillemens des compagnies & détachemens dudit
régiment qui y tiendront garnifon; & en cas que lefdits
magafins n'appartiennent pas à Sa Majefté, les loyers en
feront payés de fes deniers, fuivant la convention qui en
aura été faite par l'Intendant ou Commiffaire ordonnateur, &
les ordonnances qui en feront par eux expédiées à cet effet.

X X I.

IL fera fourni des magafins de Sa Majefté aux compagnies
& détachemens qui ferviront dans les Colonies, les mêmes
vivres qui feront fournis aux Soldats françois, & au même
prix réglé ci-devant, lequel fera retenu audit fieur Chevalier
de Hallwyl, fur les feize livres qui leur feront payées par
Soldat; & attendu que les Officiers font nombre d'hommes
dans lefdites compagnies, il fera libre à chacun d'eux de
prendre une ration comme le Soldat, & au même prix,
lequel fera retenu ainfi qu'il eft dit ci-deffus.

X X I I.

LES Soldats des compagnies dudit régiment, malades ou
bleffés, qui voudront être traités dans les hôpitaux de la

Marine ou des Colonies, continueront d'y être reçûs par les ordres de l'Intendant ou du Commiſſaire qui y eſt prépoſé.

X X I I I.

IL ſera retenu audit ſieur Chevalier de Hallwyl, ſur la ſolde dudit régiment, pour chacun Soldat qui ſera malade dans l'hôpital de Rochefort, la même ſolde par jour qui eſt retenue pour chaque Soldat des compagnies de Marine malade audit hôpital.

X X I V.

IL ſera auſſi retenu audit ſieur Chevalier de Hallwyl, pour les Soldats dudit régiment qui ſeront malades dans les hôpi-taux des colonies de Saint-Domingue & de la Martinique, la ration en farine qui auroit dû être délivrée des magaſins de Sa Majeſté auxdits Soldats ; & leſdites rations ſeront remiſes auxdits hôpitaux, auxquels ledit ſieur Chevalier de Hallwyl payera en outre deux ſols par jour pour chaque Soldat dudit régiment qui aura été traité auxdits hôpitaux.

X X V.

IL ſera retenu audit ſieur Chevalier de Hallwyl pour les Soldats dudit régiment qui ſeront en garniſon à la Louiſiane, & qui ſeront traités à l'hôpital dudit lieu, la même choſe en vivres & en argent, qui ſera retenue pour les Soldats des troupes françoiſes qui y ſeront en garniſon, & qui ſeront traités dans le même hôpital.

X X V I.

IL ſera libre aux Officiers des compagnies dudit régiment, de ſe marier & de s'établir dans les Colonies où ils tiendront garniſon, après en avoir pris la permiſſion du Gouverneur Lieutenant général, ou du Gouverneur particulier comman-dant en ſon abſence, laquelle lui ſera demandée par l'Officier y commandant les troupes Suiſſes ; & ladite permiſſion leur ſera accordée en cas que le parti qu'ils trouveront leur ſoit avantageux.

X X V I I.

LA juſtice ſera exercée dans ledit régiment comme elle l'a été juſqu'à préſent, ſur le même pied qu'elle eſt adminiſtrée dans les troupes Suiſſes qui ſont à la ſolde de Sa Majeſté; ſeront cependant tenus les Commandans des compagnies détachées dans les Colonies, de rendre compte aux Gouverneurs ou Commandans dans leſdites Colonies, de tous délits militaires & autres, & des jugemens qui ſeront rendus, même des punitions qui pourront être ordonnées pour les fautes qui ne demanderont pas un jugement; & quant aux délits dans leſquels les habitans deſdites Colonies ſe trouveront impliqués, ainſi que par rapport à toutes actions civiles, tant en demandant qu'en défendant, la connoiſſance en appartiendra aux Juges des lieux.

X X V I I I.

IL ſera donné par les Gouverneurs & Intendans, des conceſſions de terres dans les lieux où il y en aura encore à donner, aux Soldats qui voudront s'établir après l'expiration de leur engagement, dans les Colonies où ils auront tenu garniſon; & il ſera payé des deniers de Sa Majeſté, à ceux qui ſe marieront, en s'établiſſant, pour les mettre en état de commencer leur établiſſement & la culture de leurs terres, une ſomme de trois cens livres, à raiſon de cent livres par an, pendant les trois premières années de leur établiſſement, à la fin de chaque année.

X X I X.

LES Soldats qui ne voudront pas ſe faire habitans après l'expiration de leur engagement, ſeront repaſſés en France *gratis*, ſur les vaiſſeaux de Sa Majeſté, & leur ſolde leur ſera payée pendant leur retour, & un mois après qu'ils auront débarqué; laquelle ſolde, ainſi que celle qui pourroit être donnée d'avance aux Soldats qui ſeront envoyés dans les Colonies, ſera imputée ſur la compagnie Colonelle.

X X X.

Les Officiers & Soldats dudit régiment, qui deviendront par leurs bleffures ou leur invalidité, hors d'état d'y continuer leurs fervices, feront admis au nombre des Invalides de la Marine, ainfi & de même que ceux des troupes entretenues dans la Marine & dans les Colonies.

X X X I.

Les Soldats détachés dans les Colonies, auront la liberté de porter leurs plaintes au Commiffaire qui les paffera en revûe, fur les différens objets dans lefquels ils fe croiront léfés, foit par rapport à leur folde, à leur fubfiftance ou autrement ; & pour cet effet le Commiffaire, lors de fa revûe, fera battre un ban pour en prévenir les Soldats : & fur le compte qui fera rendu defdites plaintes par les Gouverneurs, Commandans, Intendans ou Commiffaires ordonnateurs, il fera ordonné par Sa Majefté ce qu'il appartiendra. Fait à Verfailles, le premier feptembre mil fept cent cinquante-deux. *Signé* Roüillé, & Chevalier de Hallwyl.

A PARIS, DE L'IMPRIMERIE ROYALE. 1753.